AF372651

NOTICE

D'UNE COLLECTION

DE TABLEAUX

DES TROIS ECOLES,

Deſſins , Gouaches, Miniatures. Eſtampes, Bronzes, Porcelaines , Diamans & autres objets de curioſité ; provenant du Cabinet de M***

Dont la vente ſe fera le Mardi (18 Novembre 1783,) & jours ſuivans de relevée.

A l'Hôtel de Bullion rue Plâtriere.

On verra les objets le dix-ſept , depuis dix heures, juſqu'à deux heures.

La préſente Notice ſe diſtribue ,

Chez M™ { CHARIOT Huiſſier-Commiſſaire-Priſeur, Hôtel de Bullion. ET VERRIER , Md. de Tableaux, rue Croix-des-petits-Champs.

M. DCC. LXXXIII.

NOTICE

D'UNE COLLECTION

DE TABLEAUX

DES TROIS ECOLES,

Dessins, Gouaches, Miniatures, Estampes, Bronzes, Porcelaines, Diamans & autres objets de curiosité.

TABLEAUX.

N° 1 La Transfiguration de N. S. grande composition, du Féti.

2 L'Apothéose d'un Pape, par Solimene.

3 Moyse sauvé des eaux, par le Pordenon.

A ij

4 Le Portrait du Cardinal Ximenès, par un bon Maître.

5 Celui d'une femme, il est peint dans l'Ecole du Titien.

6 Un grand Payſage dans le genre de Salvator Roſe, par D. Teniers.

7 Une Campagne où l'on fait la moiſſon, par le même.

8 La vue d'une partie d'un hameau, avec un cabaret ſur le devant à droite ; à la porte, pluſieurs payſans ſont occupés à boire ; on remarque auſſi ſur des plans plus éloignés des moiſſonneurs.

9 Un bon tableau, par Oſtade.

10 Un autre, par P. Poter ; il repréſente un loup.

11 Un petit Payſage peint par Breughel.

12 Un Payſage, par Roland Savery, & des animaux, par Van-Keſſel.

13 Un beau Payſage, par Aſſelyn.

14 Un Tableau dans le genre de Peter Neef.

15 Un Tableau de Pierre de Hogue.

16 Un Payſage , par J. Ruysdaal.

17 Une vue de village, par Salomon Ruysdaal.

18 Un bon Tableau , par Guill. Van Romeyn:
il repréſente une campagne agréable avec quelques ruines; un pâtre & une
jeune fille y font paître leurs troupeaux :
c'eſt un des plus fins de ce Maître.

19 La vue d'un village avec un port ruiné,
par Corneille Poëlemburg; il a orné les
ſites de figures & animaux.

20 Deux Tableaux de l'Hukulliet , fins de
touche; ils ſont dans le genre de Berghem,
& repréſentent des payſages, avec figures
& animaux.

21 Un Tableau auſſi dans le genre de Berghem; on y remarque une femme à cheval qui traverſe un ruiſſeau, avec différens animaux; elle eſt ſuivie d'un jeune
garçon; ce tableau a beaucoup de mérite.

22 Un beau Tableau, par Palamede, re-
préſentant un intérieur de chambre ; on
remarque une femme qui allaite un en-

fant & à laquelle un homme adreffe la parole, & un autre fonnant de la trompette. Il eft bien confervé, & un des plus agréables de ce Maître.

23 Un autre intérieur de chambre où différentes perfonnes font de la mufique; cette compofition eft d'après le même ou dans fa maniere.

24 Deux très-jolies marines par Stork ; nombre de vaiffeaux à la voile ; plufieurs chaloupes remplies de matelots & de femmes, ornent agréablement les devans; des villages qui font placés dans les fonds ne laiffent rien à défirer : ils font capitaux.

25 Diane affife à l'entrée d'un bois & recevant de l'eau d'un fontaine dans une coupe. Ce Tableau, d'une bonne couleur, eft de Burg.

26 Deux Cuifinieres Hollandoifes, occupées aux foins de la cuifine , d'après Car. de Moor.

27 Une Ecole où des enfans des deux fexes fe divertiffent, par Brukemburg.

28 La vue d'une ville des Pays-Bas, dans une vaste campagne, par Van-Goyen.

29 Une vue d'un village, à travers lequel passe une grande route; plusieurs figur. & animaux rendent intéressant ce Tableau, peint par Deker.

30 Une femme au lit, & à laquelle on présente un bouillon. A côté est un homme qui se chauffe. Ce Tableau est d'un bon Maître Hollandois.

31 Un Tableau de Metzu.

32 Deux Marines, par Anson.

33 Un Guerrier qui semble demander à un paysan son chemin, celui-ci le lui indique avec son chapeau; plusieurs figures & animaux ornent ce tableau d'une belle couleur, & qui paroît être de J. Miel.

34 Une Fontaine à laquelle un paysan vient se désaltérer avec son troupeau; une femme s'en approche aussi avec une corbeille pleine de linge. Ce Tableau, d'un Maître inconnu, quoique signé, d'une *N* & d'un *B*, a beaucoup de mérite.

35 Le portrait d'Antoine Coypel, peint par lui-même; il y a joint celui de son fils.

36 L'esquisse d'un tableau du Paralytique, par Carle Vanloo.

37 Une autre Esquisse, terminée par Charles Natoire.

38 Un Tableau de M. Vernet, connu sous le nom du Pêcheur encouragé; il est d'une composition & d'une couleur agréable; on en connoît la gravure par . . . .

39 Un joli Paysage avec figures, par M. Casanove.

40 Une Composition, par M. Loutherbourg.

41 L'esquisse d'une Tête de jeune fille, par M. Greuze.

42 Une Nativité, par M. Lagrenée.

43 Une Paysanne des environs de Rome allant au marché, charmant tableau, par M. Vincent.

44 Deux riches Compositions estimées du

Chevalier Voller; elles font dans le genre
de M. Verner.

45 Deux Compofitions de M. Bilcoque, dont
    un Laboratoire de Chimifte.

46 Différens Bas-reliefs, par M. Sauvage.

47 Plufieurs bons Tableaux que le temps n'a
    pas permis de décrire, & qui feront vendus
    féparément.

48 Une bonne Miniature, par M. Charlier.

49 Deux autres en pendans , dans le genre
    de Beaudoin.

50 Une autre, repréfentant Diane & Endy-
    mion.

51 Quatre autres, dont la Vierge, l'Enfant
    Jefus, le Petit S. Jean, & Loth & fes
    filles.

52 Une autre, repréfentant une Baigneufe,
    par M. Deon.

53 Deux belles Gouazzes, par Vagner.

54 Une autre de Patel.

55 Trois autres, par Perignon.

56 Deux Sujets colorés, dans le genre de
M. Carême.

57 Trois Deſſins, par Boucher, dont un
grand Payſage gravé,

58 Cinq beaux Deſſins très-terminés, par
Pillement.

59 Deux agréables Compoſitions deſſinées
par M. Loutherbourg.

60 Deux Deſſins capitaux, de Mayer.

61 Deux autres pareils & au biſtre.

62 Un Projet de tombeau pour Madame la
Dauphine, mere de Louis XVI, grande
compoſition, par M. Guyar.

63 Deux Deſſins d'architecture, par M. Peire.

64 Deux Deſſins de Roſe d'Italie.

65 Cinq beaux Deſſins de Palmieri.

66 Deux Deſſins du Guerchin.

67 Un Deſſin à la ſanguine de Gerard
Laireſſe.

68 Deux Deffins d'animaux, par P. Potter, ils font gravés.

69 Deux autres Deffins, de Cor. Bega.

70 Un beau Deffin de Boulogne, repréfentant le triomphe de Bacchus.

71 Deux grands Deffins pour l'hiftoire de S. Louis.

72 Deux Deffins, l'un de la Hire, & l'autre du Bourdon.

73 Deux Deffins à la plume, par Deshayes.

74 Trois Deffins, d'après l'antique, à la mine de plomb, repréfentant 48 têtes d'anciens Philofophes.

75 Deux Deffins, dont un coloré.

76 Plufieurs Deffins des différentes Ecoles, qui feront divifés.

77 Les quatre Eftampes des fêtes du mariage de Monfeigneur le Dauphin, elles font montées.

78 Plusieurs Estampes anciennes & modernes qui seront détaillées.

79 Deux Têtes en bronze.

80 Une Vénus en bronze.

81 S. Jean, figure en bronze, par Coustou.

82 Un Bronze, sujet d'enfant, sur un pied de marbre.

83 Deux Levrettes en bronze, sur des pieds dorés d'or moulu.

84 Un Lion en bronze, sur un pied de marbre.

85 Louis XIV. à cheval, en bronze.

86 Quatre Bas-reliefs en bronze.

87 Louis XIII, médaillon en bronze, & les 12 Césars.

88 Un Gladiateur en bronze.

89 Une Femme assise, terre cuite, par M. Brillant. Ce joli morceau est sous cage.

90 Une Femme en cire, aussi sous cage.

91 Deux Figures de porcelaine de Saxe.

92 Une Soupiere & son Plat d'ancien Saxe.

93 Une Eguiere montée en argent, avec un Plat d'ancien Saxe, à miniatures.

94 Trois petits Vases d'ancien blanc, montés en argent.

95 Différentes Colonnes & autres pieces de porcelaine de Saxe.

96 Quatre Compottiers de porcelaine de Séves.

97 Deux Girandoles de bronze doré, avec garnitures en cristal.

98 Un Christ en ivoire.

99 Un Coquillier de bois de chêne vernissé, composé de treize tiroirs remplis de Coquilles & autres morceaux d'Histoire Naturelle.

100 Deux Livres d'Estampes pour le Roman
de Daphnis.

101 La vue d'une charmante Campagne
coupée par un ruisseau : on y remarque à
droite quelques chaumieres , différentes
figures & animaux rendent plus intéres-
sante cette composition de M. Naudou ,
jeune Artiste , que ses progrès très-sensibles
feront sûrement distinguer.

102 Deux autres Tableaux du même genre
& d'égal mérite.

103 Deux autres dans le genre de M. Casanove ; ils sont d'une grande vérité.

104 Une suite d'Oiseaux, par Vannussel ,
Peintre Allemand , qui est renommé pour
ce genre.

105 Une paire de Boucles d'oreilles & une
Bague de diamans roses.

Différens Objets de curiosité qui seront détaillés.

Lu & approuvé, ce 14 Nov. 1783.

COCHIN.

De l'Imprimerie de PRAULT, Imprimeur du Roi, Quai des Augustins.

A Monsieur

Monsieur Giraud n° 22.

Rue Meslée